Gerik und Tami Chirlek
Gefühlte Worte - Ich möchte dich nicht verlieren
Sprüche für die Freundschaft
zum Lesen, Nachdenken und Verschenken

Gerik und Tami Chirlek

Gefühlte Worte
Ich möchte dich nicht verlieren

Sprüche für die Freundschaft

zum Lesen, Nachdenken und Verschenken

gerik CHIRLEK / Edition 24tc
2014

Bibliografische Information der Deutschen Nationalbibliothek
Die Deutsche Nationalbibliothek verzeichnet diese Publikation in der Deutschen Nationalbibliografie; detaillierte bibliografische Daten sind im Internet über www.dnb.de abrufbar.

IMPRESSUM

© 2014 gerik CHIRLEK / Edition 24tc

Herstellung und Verlag: BoD - Books on Demand, Norderstedt

ISBN: 978-3-7357-7607-5

Wir dürfen erleben,
wonach andere suchen -
eine bedingungslose Freundschaft,
in jeder Situation.
Danke, meine Freundin, dass es dich gibt.
Ich möchte dich nie wieder verlieren.

Inhaltsverzeichnis

John Adams 15

Joseph Addison 16

Aesop..17

Aristoteles..18

Berthold Auerbach 22

Augustinus Aurelius 23

Sir Francis von Verulam Bacon 24

Friedrich Martin von Bodenstedt 25

Wilhelm Busch...26

Nicolas Chamfort 28

Omar Chayyam 30

Marcus Tullius Cicero..31

Matthias Claudius..44

Jaques Delille 48

Demokrit..49

Denis Diderot 50

Alexandre Dumas 51

Marie Freifrau von Ebner-Eschenbach 52

Meister Eckhart 56

Ralph Waldo Emerson 58

Epikur 64

Euripides 67

Ludwig Feuerbach 68

Henry Fielding 69

Johann Georg Adam Forster 70

Benjamin Franklin 71

Friedrich II. der Große 72

Thomas Fuller 74

Abbé Ferdinando Galiani 76

Khalil Gibran 77

Johann Wilhelm Ludwig Gleim 78

Johann Wolfgang von Goethe 80

Baltasar Grácian y Morales 94

Anastasius Grün 100

Karl Ferdinand Gutzkow 101

Christian Friedrich Hebbel 103

Claude-Adrien Helvétius 104

Paul Heyse 105

Carl Hilty 108

Theodor Gottlieb von Hippel 111

Johann Christian Friedrich Hölderlin 112

Horaz 114

Elbert G. Hubbard 115

Henrik Ibsen 116

Gottfried Keller 117

Max Klinger 118

Friedrich Gottlieb Klopstock 119

Carl Ludwig von Knebel 120

Adolph Freiherr von Knigge 121

August von Kotzebue 126

Karl Kraus 127

Jean de La Bruyère 128

François VI. Duc de La Rochefoucauld 129

Johann Kaspar Lavater 131

Georg Christoph Lichtenberg 134

Mechthild von magdeburg 135

Franz Marc 136

Pietro Metastasio 137

Michel de Montaigne 138

Christian Morgenstern 141

Cornelius Nepos 142

Friedrich Wilhelm Nietzsche 143

Novalis 147

Jean Paul 149

Perikles 153

Johann Heinrich Pestalozzi 154

Petron 155

Gottlieb Conrad Pfeffel 156

Phokion 158

Platon 159

Titus Maccius Plautus 160

Plutarch	161
Sully Prudhomme	163
Ailred von Rievaulx	165
Jean-Jacques Rousseau	166
Friedrich Rückert	167
Johann Michael Sailer	169
Mellin de Saint-Gelais	170
Friedrich Schiller	171
Friedrich Schleiermacher	173
Arthur Schnitzler	174
Johann Adam von Seuffert	175
William Shakespeare	176
Karl W. F. Solger	181
Sophokles	182
August Ernst Freiherr von Steigentsch	183
Adalbert Stifter	184
Andreas Sutor	187
Theokrit	188

Christoph August Tiedge 189

Ludwig Tieck 190

Anton Pawlowitsch Tschechow 191

Kurt Tucholsky 192

Voltaire 193

Oscar Wilde 194

Zenon 195

Anmerkung:

Es ist uns bewusst, dass einige der aufgenommenen Sinnsprüche und Zitate in Laufe der Jahre nicht nur verschiedenen Schreibweisen und Abwandlungen unterworfen, sondern auch unterschiedlichen Autoren zugesprochen werden. Nicht immer ist es gelungen, den tatsächlichen Urheber ausfindig zu machen. So haben wir zur Orientierung stets ausführliche Quellen angegeben, welche mit unseren Inhalten übereinstimmten. Darüber hinaus laden sie ein, sich die facettenreiche Welt der Literatur zu erschließen.

JOHN ADAMS

Ich wünsch' dir einen treuen Freund,
der deinen Schmerz vertreibt,
der dir nie schmeichelt,
niemals lügt und immer standhaft bleibt.
Der, wenn du irrst, dich ermahnt,
der deine Seele kennt,
und der, genauso wie du ihn,
auch einen Freund dich nennt.

(John Adams)

~

Quelle:
- Christine Füller (2014): Moderne Märchen für Erwachsene: Die Weltretter. Neobooks.com. [eBook]

JOSEPH ADDISON

Es gibt kein Glück, das sich irgendwie mit dem vergleichen ließe, einen treuen und zuverlässigen Freund zu besitzen. Der Verkehr mit ihm erfreut und erleichtert die Seele, klärt und läutert das Verständnis, erzeugt neue Gedanken und Anschauungen, stärkt die Tugend und die guten Entschlüsse, besänftigt und mäßigt die Leidenschaften und füllt fast alle unsere müßigen Stunden.

(Joseph Addison)

~

Quelle:
- Adolf Stern (1866): Addisons Beiträge zum Zuschauer und Plauderer, S. 135. Albert Eichhoff: Berlin.

AESOP

Man solle sich nicht mit Menschen einlassen, die ihre Freunde in der Not verlassen.

(Aesop)

Quelle:
- Aesop (2014): Gesammelte Werke und Tiermärchen von Aesop (Äsop), e-artnow. [eBook]

ARISTOTELES

Die Neigung zur Freundschaft
entsteht allerdings oft plötzlich,
die Freundschaft selbst aber braucht Zeit.

(Aristoteles)

Quelle:
- Horst Wagenführ (1964): Beziehungen muss man haben: Handbuch der praktischen Kontaktpflege, S. 115. Forkel: Heidelberg.

Freundschaft ist das höchste Bedürfnis,

weil ohne Freunde niemand,

auch bei dem Besitz aller übrigen Güter,

gern leben wird,

wenn er diese nicht in Wohltaten anwenden kann,

und weil in Dürftigkeit und in den übrigen Drangsalen

Freunde die einzige Zuflucht ausmachen.

(Aristoteles)

~

Quelle:
- Aristoteles, 1837: Aristotele's Staatspädagogik als Erziehungslehre für den Staat und die Einzelnen, S. 127. Schulzische Buchhandlung: Hamm.

Freundschaft: eine Seele in zwei Körpern.

(Aristoteles)

Quelle:
- Klaus Adomeit (1992): Aristoteles über die Freundschaft, S. 24. Decker & Müller: Heidelberg.

Wer vieler oder aller Freund sein will, ist in Gefahr, niemandes Freund zu sein oder zu werden.

(Aristoteles)

Quelle:
- Johann Gottlieb Buhle (1798): Lehrbuch der Geschichte der Philosophie und einer kritischen Literatur derselben, Band 3, S. 109. Vandenhoeck und Ruprecht: Göttingen.

BERTHOLD AUERBACH

Ein Freund, der in der Trauer bei uns ist, ist wie ein Licht in der Nacht, es zwingt uns doch oder gibt uns wenigstens Gelegenheit, die Gegenstände um uns her zu sehen, zu wissen, dass noch eine Welt da ist und wir uns nicht ganz in der Nacht der Einsamkeit vergraben.

(Berthold Auerbach)

~

Quelle:
- Berthold Auerbach (2012): Auf der Höhe. Jazzybee, [e-Book]

AUGUSTINUS AURELIUS

Was vermag uns zu trösten

in den menschlichen Beziehungen

voller Fehler und Mühsal

außer Treue und gegenseitige Zuneigung

unter wirklich guten Freunden?

(Augustinus Aurelius)

Quelle:
- Sina Graf (2010): Sina goes China: Ein Blog wird analog, S. 83. BoD: Norderstedt.

SIR FRANCIS VON VERULAM BACON

Aus der Verbindung
einer Menschenseele mit ihrem Freunde
erwachsen zwei gegensätzliche Folgen:
Sie verdoppelt die Freuden
und verringert die Sorgen um die Hälfte.

(Sir Francis von Verulam Bacon)

~

Quelle:
- Stefan Knischek Lebensweisheiten berühmter Philosophen: 4000 Zitate von Aristoteles bis Wittgenstein, S. 195. Humboldt: Hannover.

FRIEDRICH MARTIN VON BODENSTEDT

Wer seine Freunde im Tode nicht ehrt,

ist ihrer im Leben nicht wert gewesen.

(Friedrich Martin von Bodenstedt)

Quelle:
- Friedrich Bodenstedt (1872): Das Herrenhaus im Eschenwalde, S. 25. Hermann Costenoble: Jena.

WILHELM BUSCH

Das Beste, was ich für einen Freund tun kann,

ist einfach: sein Freund sein.

(Wilhelm Busch)

Quelle:
- Matthias Zipfel, Petra Zipfel (2007): Ich aber hatte Zahnweh im Herzen, S. 37. BoD: Norderstedt.

Man erwirbt keine Freunde,

man erkennt sie.

(Wilhelm Busch)

Quelle:
- Roland Leonhardt (2011): Lebensweisheiten berühmter Dichter und Denker, S. 157. Humboldt: Hannover.

NICOLAS CHAMFORT

Die zarte und wahre Freundschaft
lässt sich mit keinem andern Gefühl verknüpfen.

(Nicolas Chamfort)

Quelle:
- Fritz Schalk (1938): Die französischen Moralisten, Band 1, S. 270. Dieterich: Leipzig.

Ich habe dreierlei Freunde:

Meine Freunde, die mich lieben,

meine Freunde, die sich nicht um mich bekümmern,

und meine Freunde, die mich verabscheuen.

(Nicolas Chamfort)

Quelle:
- Heinz Härtl (2004): Briefwechsel II (1802-1804), S. 547. Max Niemeyer: Tübingen.

OMAR CHAYYAM

Herzen such' zu fesseln, wie du irgend fesseln kannst!
Glücklich du, wenn du auf Erden
ein treuen Freund gewannst!
Minder wert sind hundert Kaabas
als ein Herz von guter Art,
Drum nach einem Herzen richte,
statt nach Mekka, deine Fahrt.

(Omar Chayyam)

~

Quelle:
- Omar Chayyam (2012): Vierzeiler, S. 49. Tredition: Hamburg.

Marcus Tullius Cicero

Aber die meisten Menschen wünschen sich törichter, fast möchte ich sagen, unverschämter Weise solche Freunde zu haben, wie sie selbst es nicht sein können, und was sie selbst nicht dem Freunde zu leisten vermögen, das fordern sie von ihm. Die Billigkeit fordert aber, dass man zuerst selbst tugendhaft sei, ehe man einen anderen sich ähnlichen zu suchen berechtigt ist.

(Marcus Tullius Cicero)

~

Quelle:
- Marcus Tullius Cicero (1855): Ausgewählte Schriften des M. Tullins Cicero, Band 4, Ciceros Laelius, S. 631. J. B. Metzler'sche: Stuttgart.

Anteilnehmende Freundschaft
macht das Glück strahlender
und erleichtert das Unglück
durch Teilnahme und Mitgefühl.

(Marcus Tullius Cicero)

Quelle:
- Ernst Lautenbach (2002): Latein-Deutsch: Zitaten-Lexikon: Quellennachweise, S. 36. Lit: Münster.

Das ist also keine wahre Freundschaft,
wenn der Eine die Wahrheit nicht hören will,
der Andre zum Lügen bereit ist.

(Marcus Tullius Cicero)

Quelle:
- Reinhold Klotz (1841): Cicero's sämmtliche Werke, Band 2, S. 85. Carl Focke: Leipzig.

Das muss also als förmliches,
unverbrüchliches Gesetz in der Freundschaft feststehn,
nichts Unsittliches zu verlangen
und namentlich nichts auf Verlangen zu tun.

(Marcus Tullius Cicero)

Quelle:
- Marcus Tullius Cicero (1844): Laelius Sive de Amicitia Dialogus, S. 267. Adolph Müller: Brandenburg.

Den wahren Freund erkennt man in der Not.

(Marcus Tullius Cicero)

Quelle:
- Gerald Drews (2012): Latein für Angeber, S. 12. Bassermann: München.

Ein sicherer Freund

wird in unsicherem Zustande erkannt;

einen treuen Freund erkennt man in der Not.

(Marcus Tullius Cicero)

Quelle:
- Oertel (1842): Auswahl der Schönsten Denk- und Sittensprüche, S. 6. Friedrich Campe: Nürnberg.

Es ist aber die Freundschaft nichts Anderes,
als die höchste Übereinstimmung
in allen göttlichen und menschlichen Dingen,
verbunden mit Wohlwollen und Liebe.

(Marcus Tullius Cicero)

Quelle:
- Marcus Tullius Cicero (1833): Vom Greisenalter und von der Freundschaft, S. 65. Joseph Thomann: Landshut.

Es sei nichts schwerer,

als dass die Freundschaft

bis auf die Letzte des Lebens verbleibe.

(Marcus Tullius Cicero)

Quelle:
- Marcus Tullius Cicero (1838): Laelius oder Gespräch von der Freundschaft, S. 86. Johann Christian Schmidt: Amberg.

F est kann die Freundschaft nur sein
in der Reife des Alters und des Verstandes.

(Marcus Tullius Cicero)

Quelle:
- o. A. (1901): Aphorismen-Schatz der Welt-Litteratur S. 141. Haude & Spener, Berlin.

F reunde sind sich nahe, auch wenn sie getrennt sind,
sie sind hilfsbereit, auch wenn sie krank sind,
ja, was unmöglich zu sein scheint, sie leben auch,
wenn sie schon gestorben sind.

(Marcus Tullius Cicero)

Quelle:
- Petra Altmann (2012): achtsam, ruhig und gelassen: Ein erfülltes Leben führen. Adeo. [eBook]

Freundschaft verdoppelt unsere Freude
und halbiert unseren Schmerz.

(Marcus Tullius Cicero)

Quelle:
- Jürg Frick (2011): Was uns antreibt und bewegt: Entwicklung verstehen, begleiten und beeinflussen, S. 155. Hans Huber: Bern.

Freundschaft, die des Namens wert ist,
findet nur da statt, wo zwei Seelen in eine verfließen,
und wo der Eine im Anderen sein zweites Ich erblickt.

(Marcus Tullius Cicero)

Quelle:
- o. A. (1839): Der Mensch nach den Forderungen der Vernunft und des Herzens, Bände 1-2, S. 255. M. Birck.

Wer nämlich einen echten Freund anschaut,

der schaut in ihm gleichsam

das Abbild seiner selbst.

(Marcus Tullius Cicero)

Quelle:
- Johann Christian Jahn (1826): Jahrbücher für Philologie und Paedogogik, Band 1, S. 300. B. G. Teubner: Leipzig.

MATTHIAS CLAUDIUS

Das erste Gesetz der Freundschaft soll doch sein,
dass einer des anderen Freund sei.
Und das zweite ist,
dass du's von Herzen seist und Gutes und Böses mit ihm teilest, wie's vorkömmt. [...]
Drittens lass du deinen Freund nicht zweimal bitten.

(Matthias Claudius)

Quelle:
- Matthias Claudius (1835): Werke, Band 2, S. 8. C. F. Richter: Cannstadt.

Du musst deinen Freund mit allem, was an ihm ist, in deinen Arm und deinen Schutz nehmen.

(Matthias Claudius)

Quelle:
- Matthias Claudius (1783): Sämmtliche Werke des Wandbecker Bothen, 4. Teil, S. 6. Gottlieb: Breslau.

Es gibt einige Freundschaften,

die im Himmel beschlossen sind

und auf Erden vollzogen werden.

(Matthias Claudius)

Quelle:
- Michael Wirth (1834): Michael Wirth's nachgelassene Schriften: Nebst einer Zugabe: Züge aus dem Leben des Verstorbenen, Band 2, S. 54. Karl Heinrich Beck: Nördlingen.

Mache nicht schnell jemand zu Deinem Freund,

ist er's aber einmal,

so muss er's gegen den dritten Mann

mit allen seinen Fehlern sein.

(Matthias Claudius)

~

Quelle:
- Michael Wirth (1834): Michael Wirth's nachgelassene Schriften: Nebst einer Zugabe: Züge aus dem Leben des Verstorbenen, Band 2, S. 52. Karl Heinrich Beck: Nördlingen.

JAQUES DELILLE

Das Schicksal bestimmt deine Verwandten,
du bestimmst deine Freunde.

(Jaques Delille)

Quelle:
- Claudia Dieterle (2013): Tipps und Tricks für den Alltag und Denkanstöße, S. 7. BoD: Norderstedt.

DEMOKRIT

Viele, die man dafür hält, sind nicht unsere Freunde, und viele, die man nicht dafür hält, sind es.

(Demokrit)

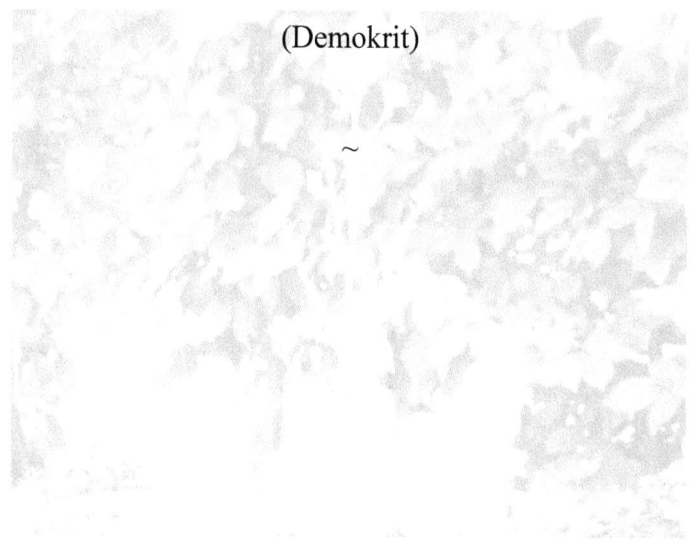

Quelle:
- Wilhelm Nestle (1956): Die Vorsokratiker, S. 167. Eugen Diederichs: Düsseldorf.

Denis Diderot

Über die Fehler meines Freundes
rede ich nur mit ihm selbst.

(Denis Diderot)

Quelle:
- Stefan Knischek (2009): Lebensweisheiten berühmter Philosophen, S. 196. Humboldt: Hannover.

ALEXANDRE DUMAS

Freundschaft heißt vergessen, was man gab, und in Erinnerung behalten, was man empfing.

(Alexandre Dumas)

~

Quelle:
- Sibylle Frees (2013): Die schönsten Aphorismen für jede Lebenslage. Dotbooks: München. [eBook]

MARIE FREIFRAU VON EBNER-ESCHENBACH

Dauernde Freundschaft [kann] nur zwischen Menschen von gleichem Wert bestehen.

(Marie Freifrau von Ebner-Eschenbach)

Quelle:
- Marie von Ebner-Eschenbach (1920): Sämtliche Werke, Band 1, S. 593. G. Paetel: Berlin.

Die guten Freunde sind da, um uns zu sagen,

was unsere Feinde von uns denken.

(Marie Freifrau von Ebner-Eschenbach)

Quelle:
- Klaus Hansson (2004): Tante Emma's Erben: (Sch)Wach- & Schließgesellschaft e.V., S. 8. BoD: Norderstedt.

Ein wahrer Freund trägt mehr zu unserem Glück bei, als tausend Feinde zu unserem Unglück.

(Marie Freifrau von Ebner-Eschenbach)

Quelle:
- Marie von Ebner-Eschenbach (1893): Gesammelte Schriften: Aphorismen. Parabeln, Märchen und Gedichte, S. 35. G. Paetel: Berlin.

Wirklich gute Freunde sind Menschen,

die uns ganz genau kennen

und trotzdem zu uns halten.

(Marie Freifrau von Ebner-Eschenbach)

Quelle:
- Martin Hecht (2014): Wahre Freunde: Von der hohen Kunst der Freundschaft. Herder: Freiburg im Breisgau.

MEISTER ECKHART

Ich soll aber meinen Freund lieben
um seiner eigenen Güte und um seiner Tugend
und um all dessen willen, was er an ihm selbst ist,
dann allein liebe ich meinen Freund richtig.

(Meister Eckhart)

~

Quelle:
- Franz Vonessen (2001): Metapher als Methode: Studien zu Platon, S. 148. Königshausen & Neumann: Würzburg.

Was kann süßer sein als einen Freund zu haben, mit dem du alles, was in deinem Herzen ist, besprechen kannst wie mit dir selbst?

(Meister Eckhart)

~

Quelle:
- Meister Eckhart (2012): Predigten, Traktate, Sprüche (Erweiterte Ausgabe). Jazzbee: Altenmünster. [eBook]

RALPH WALDO EMERSON

Das Einmalige an einer Freundschaft
ist weder die Hand, die sich einem entgegenstreckt,
noch das freundliche Lächeln
oder die angenehme Gesellschaft.
Das Einmalige an ihr ist die geistige Inspiration,
die man erhält, wenn man merkt,
dass jemand an einen glaubt.

(Ralph Waldo Emerson)

~

Quelle:
- Iris Seidenstricker (2010): Was wirklich zählt: Die tiefen Wahrheiten, S. 18. Dtv: München.

Der beste Weg, einen Freund zu haben,

ist der, selbst einer zu sein.

(Ralph Waldo Emerson)

Quelle:
- Robert P. Sasse (2009): Schön gesagt..., S. 34. Tredition: Hamburg.

Ein Freund ist die Hoffnung des Herzens.

(Ralph Waldo Emerson)

Quelle:
- Sibylle Frees (2013): Die schönsten Aphorismen für jede Lebenslage. Dotbooks: München. [eBook]

Ein Freund ist ein Mensch,

vor dem man laut denken kann.

(Ralph Waldo Emerson)

Quelle:
- Melissa Leone (2010): My Secret: Entdecke dein Geheimnis, S. 101. Mvg: München.

Einen guten Freund kann man nur haben,

wenn man einer ist.

(Ralph Waldo Emerson)

Quelle:
- Johanna Paungger, Thomas Poppe (2013): Das Mond-Jahrbuch 2014, 12. Januar. Goldmann: München.

Was ist so köstlich,

wie wenn zwei Menschen sich so aufrecht,

so sicher in einem Gedanken,

in einem Gefühl begegnen?

(Ralph Waldo Emerson)

~

Quelle:
- o. A. (2013): Freundinnen fürs Leben. arsEdition: München.

EPIKUR

Der Weise empfindet nicht größeren Schmerz,
wenn er selber gefoltert wird,
als wenn er sieht, wie sein Freund gefoltert wird.

(Epikur)

Quelle:
- Epikur (1988): Philosophie der Freude, S. 85. Insel: Frankfurt / M.

Man soll sich weder die Voreiligen
noch die Umständlichen zu Freunden machen.
Man muss allerdings auch etwas wagen
um der Freundschaft willen.

(Epikur)

Quelle:
- Walter Rüegg (1975): Antike Geisteswelt, S. 639. Artemis: Zürich.

Wir brauchen die Freunde nicht, um sie zu brauchen,

sondern um die Zuversicht zu haben,

dass wir sie brauchen können.

(Epikur)

Quelle:
- Epikur (1988): Philosophie der Freude, S. 81. Insel: Frankfurt / M.

EURIPIDES

In Leid und Kummer gibt es für den Menschen
kein anderes Heilmittel
als den Zuspruch eines edlen Freundes.

(Euripides)

~

Quelle:
- Euripides (1981): Sämtliche Tragödien und Fragmente Band 6, Fragmente / Der Kyklop, S. 445. Artemis: Zürich.

LUDWIG FEUERBACH

Die Schmerzen, die wir dem Freunde offenbaren,
sind schon halb geheilt. Worüber wir sprechen,
darüber mildern sich unsre Leidenschaften;
es wird helle in uns; der Gegenstand des Zornes,
des Ärgers, des Kummers erscheint uns
in einem Lichte, in welchem wir die Unwürdigkeit
der Leidenschaft erkennen. Worüber wir im Dunkel
und Zweifel sind, wir dürfen nur darüber sprechen -
oft in dem Augenblick schon,
wo wir den Mund auftun, um den Freund zu fragen,
schwinden die Zweifel und Dunkelheiten.

(Ludwig Feuerbach)

~

Quelle:
- Ludwig Feuerbach (1841): Das Wesen des Christenthums, S. 95. Otto Wigand: Leipzig.

HENRY FIELDING

Ein verräterischer Freund

ist der gefährlichste Feind.

(Henry Fielding)

Quelle:
- Henry Fielding (1918): Geschichte des Thomas Jones eines Findelkindes, S. 132. Georg Müller: München.

JOHANN GEORG ADAM FORSTER

Ein Freund ist ein Wesen,

das uns ganz trägt

mit unsern Fehlern und Mängeln allen.

(Johann Georg Adam Forster)

Quelle:
- Elisa Meier (1856): Johann Georg Adam Forster. Lichtstrahlen, S. 165. F. A. Brockhaus: Leipzig.

BENJAMIN FRANKLIN

Wähle einen Freund langsam,

wechsle ihn noch langsamer.

(Benjamin Franklin)

Quelle:
- Sibylle Frees (2013): Die schönsten Aphorismen für jede Lebenslage. Dotbooks: München. [eBook]

FRIEDRICH II. DER GROßE

Ein wahrer Freund
ist ein Geschenk des Himmels.

(Friedrich II. der Große)

Quelle:
- Robert Prutz (1861): Deutsches Museum: Zeitschrift für Literatur, Kunst und öffentliches Leben, 11. Jahrgang, Juli-Dezember, S. 496. F. A. Brockhaus: Leipzig.

Für meine Freunde bin ich ganz Feuer;

und an allem was sie angeht,

nehme ich eben so viel Anteil,

als wenn es mich persönlich beträfe.

(Friedrich II. der Große)

Quelle:
- Christian Carl André (1790): Friedrichs des Einzigen authentische Charakteristik nach seinen eignen Geständnissen, S. 103. Christian Friedrich Voß und Sohn: Berlin.

THOMAS FULLER

Der ist mein Freund,

der auch hinter meinem Rücken

Gutes über mich sagt.

(Thomas Fuller)

Quelle:
- o. A. (2011): Weisheiten des Lebens: großformatiger Bildband. arsEdition: München.

Reich sind nur die, die wahre Freunde haben.

(Thomas Fuller)

~

Quelle:
- Sina Bremekamp (2010): The Escape: Kein Weg zurück, S. 1 BoD: Norderstedt.

ABBÉ FERDINANDO GALIANI

Die schlechtesten Münzen,
mit denen man Freunde bezahlen kann,
sind Ratschläge.
Worauf es ankommt, ist,
ihnen zu helfen.

(Abbé Ferdinando Galiani)

Quelle:
- Matthias Zipfel, Petra Zipfel (2007): Ich aber hatte Zahnweh im Herzen, S. 39. BoD: Norderstedt.

KHALIL GIBRAN

Freundschaft ist immer eine süße Verantwortung, nie eine Gelegenheit.

(Khalil Gibran)

Quelle:
- Iris Seidenstricker (2010): Was wirklich zählt: Die tiefen Wahrheiten, S. 22. Dtv: München.

JOHANN WILHELM LUDWIG GLEIM

Der wahre Freund ist Freund
in Worten und in Werken.

(Johann Wilhelm Ludwig Gleim)

Quelle:
- Wilhelm Körte (1812): J.W.L. Gleim's sämmtliche Werke, S. 376. Büreau für Literatur und Kunst: Halberstadt.

Einen Freund, o Gott, nur einen!

Wer die Menge hat, hat keinen!

(Johann Wilhelm Ludwig Gleim)

Quelle:
- Hermann Alexander von Berlepsch (1848): Concordanz der poetischen National-Literatur der Deutschen, S. 206. Hennings und Hopf: Erfurt.

JOHANN WOLFGANG VON GOETHE

Ältere Bekanntschaften und Freundschaften haben vor neuen hauptsächlich das voraus, dass man sich einander schon viel verziehen hat.

(Johann Wolfgang von Goethe)

Quelle:
- Johann Wolfgang Goethe (1913): Goethes sämtliche Werke, Band 19, S. 99. Georg Müller: München.

Allein bei Freunden lässt man frei sich gehn,
Man ruht in ihrer Liebe, man erlaubt
Sich eine Laune, ungezähmter wirkt
Die Leidenschaft, und so verletzen wir
Am ersten die, die wir am zärtsten lieben.

(Johann Wolfgang von Goethe)

Quelle:
- Johann Wolfgang von Goethe (1951): Goethes poetische Werke – vollständige Ausgabe, Band 5: Die großen Dramen, S. 906. J. G. Cotta'sche: Stuttgart.

Allein der Mensch besitzt noch manches,
womit er seinen Freunden beistehen kann,
das eben nicht klingende Münze zu sein braucht.

(Johann Wolfgang von Goethe)

Quelle:
- Johann Wolfgang Goethe (1866): Goethe's sämmtliche Werke, Band 3, S. 257. J. G. Cotta'sche: Stuttgart.

Das sicherste Mittel, ein freundschaftliches Verhältnis
zu hegen und zu erhalten, finde ich darin,
dass man sich wechselweise mitteile, was man tut.
Denn die Menschen treffen viel mehr zusammen
in dem, was sie tun, als in dem, was sie denken.

(Johann Wolfgang von Goethe)

Quelle:
- Ludwig Geiger (1910): Goethe: Sein Leben und Schaffen, S. 424. Ullstein: Berlin.

Drei Dinge werden nicht eher erkannt,

als zu gewisser Zeit:

Ein Held im Kriege,

ein weiser Mann im Zorn,

ein Freund in der Not.

(Johann Wolfgang von Goethe)

~

Quelle:
- Johann Wolfgang von Goethe (1950): Goethes poetische Werke – vollständige Ausgabe, Band 2: West-östlicher Divan, Epen. Maximen und Reflexionen, S. 842. J. G. Cotta'sche: Stuttgart.

Freunde offenbaren einander
gerade das am deutlichsten,
was sie einander verschweigen.

(Johann Wolfgang von Goethe)

~

Quelle:
- Johann Wolfgang von Goethe (1837): Goethe's poetische und prosaische Werke: in zwei Bänden, Band 2, S. 430. Cotta'sche: Stuttgart.

Freundschaft kann sich bloß praktisch erzeugen, praktisch Dauer gewinnen. Neigung, ja sogar Liebe, hilft alles nichts zur Freundschaft.
Die wahre, tätige, produktive besteht darin, dass wir gleichen Schritt im Leben halten, dass der Freund meine Zwecke billigt, ich die seinigen, und dass wir so unverrückt zusammen fortgehen, wie auch sonst die Differenz unserer Denk- und Lebensweise sein möge.

(Johann Wolfgang von Goethe)

~

Quelle:
- Johann Wolfgang von Goethe (1840): Goethe's sämmtliche Werke, Band 3, S. 210. Cotta'sche: Stuttgart.

Gar freundliche Gesellschaft
leistet uns ein ferner Freund,
wenn wir ihn glücklich wissen.

(Johann Wolfgang von Goethe)

Quelle:
-   Johann Wolfgang von Goethe (1836): Goethe's sämmtliche Werke, Band 1, S. 608. Tétot Frères: Paris.

Ihr seid jetzt traurig,
Ein edler Mensch zieht edle Menschen an
und weiß sie fest zu halten.

(Johann Wolfgang von Goethe)

Quelle:
- Johann Wolfgang von Goethe (1836): Goethe's sämmtliche Werke, Band 1, S. 586. Tétot Frères: Paris.

Im Busen eines Freundes widerhallend
verliert sich nach und nach des Schmerzens Ton.

(Johann Wolfgang von Goethe)

Quelle:
- Johann Wolfgang von Goethe (1953): Goethes poetische Werke – vollständige Ausgabe, Band 3: Lustspiele, Singspiele, Satiren, Dramatische Zeit- und Gelegenheitsdichtungen, S. 216. J. G. Cotta'sche: Stuttgart.

Man weiß gar nicht, was man hat,
wenn man zusammen ist.

(Johann Wolfgang von Goethe)

Quelle:
- Michael Jaeger (2005): Fausts Kolonie: Goethes kritische Phänomenologie der Moderne, S. 161. Königshausen & Neumann: Würzburg.

[Mit einem] kritischen Freund an der Seite kommt man immer schneller vom Fleck.

(Johann Wolfgang von Goethe)

Quelle:
- August Diezmann (1855): Aus Weimars Glanzzeit: Ungedruckte Briefe von und über Goethe und Schiller, S. 8. Hermann Hartung: Leipzig.

Mit fremden Menschen nimmt man sich zusammen,
　Da merkt man auf, da sucht man seinen Zweck
　In ihrer Gunst, damit sie nützen sollen.
　Allein bei Freunden lässt man frei sich gehen,
　　Man ruht in ihrer Liebe, man erlaubt
　　Sich eine Laune, ungezähmter wirkt
　　Die Leidenschaft, und so verletzen wir
　Am ersten die, die wir am zart'sten lieben.

(Johann Wolfgang von Goethe)

~

Quelle:
- H. V. (1859): Frauenbrevier für Haus und Welt, S. 171. Meidinger Sohn & Comp.: Frankfurt / M.

Ohne Aufopferung

lässt sich keine Freundschaft denken.

(Johann Wolfgang von Goethe)

Quelle:
- Johann Wolfgang von Goethe (1837): Goethe's poetische und prosaische Werke: in zwei Bänden, Band 2, Wilhelm Meisters Lehrjahre, S. 287. Cotta'sche: Stuttgart.

BALTASAR GRÁCIAN Y MORALES

Die Freundschaft vermehrt das Gute
und verteilt das Schlimme;
sie ist das einzige Mittel gegen das Unglück
und ist das Freiatmen der Seele.

(Baltasar Grácian y Morales)

~

Quelle:
- Baltasar Gracián (2012): Handorakel und Kunst der Weltklugheit, S. 132. Manesse: Zürich.

Ein Freund muss Freiheit haben,
ohne Zurückhaltung zu raten, ja zu tadeln.

(Baltasar Grácian y Morales)

Quelle:
- Baltasar Gracián (2012): Handorakel und Kunst der Weltklugheit, S. 122. Manesse: Zürich.

Freunde haben. Es ist ein zweites Dasein.
Jeder Freund ist gut und weise für den Freund,
und unter ihnen geht alles gut ab.

(Baltasar Grácian y Morales)

Quelle:
- Baltasar Gracián (2012): Handorakel und Kunst der Weltklugheit, S. 93. Manesse: Zürich.

Freundschaft ist eine Tür zwischen zwei Menschen.
Sie kann manchmal knarren, sie kann klemmen,
aber sie ist nie verschlossen.

(Baltasar Grácian y Morales)

Quelle:
- Heike Wanner (2013): Rosen, Tulpen, Nelken: Roman, S. 311. Ullstein: Berlin.

Nicht bloß Ergötzen, sondern auch Nutzen
muss man aus seinem Freunde schöpfen;
denn er muss die drei Eigenschaften besitzen,
welche Einige dem Guten,
Andere dem Dinge überhaupt beilegen:
Einheit, Güte und Wahrheit.

(Baltasar Grácian y Morales)

~

Quelle:
- Balthasar Gracian (2012): Gracians Orakel Der Weltklugheit, S. 68. Outlook: Paderborn.

Wenige sind Freunde der Person, die meisten der Glücksumstände.

(Baltasar Grácian y Morales)

Quelle:
- Baltasar Jerónimo Gracián y Morales (1871): Balthazar Gracian's Hand-Orakel und Kunst der Weltklugheit, S. 100. F. A. Brockhaus: Leipzig.

ANASTASIUS GRÜN

Wer für sich selbst zu schwach und klein,
Und wer nicht gerne steht allein,
Mag an den Freund sich schmiegen!

(Anastasius Grün)

~

Quelle:
- Karl Oltrogge (1847): Deutsches Lesebuch, Band 2, S. 463. Hahnsche Hofbuchhandlung: Hannover.

Karl Ferdinand Gutzkow

Einen Feind hassen wir nicht so sehr
als einen Freund, der sich nur halb bewährte.

(Karl Ferdinand Gutzkow)

Quelle:
- Karl Gutzkow (1868): Vom Baum der Erkenntniß: Denksprüche, S. 185. J. G. Cotta'sche: Stuttgart.

Einen Freund gefunden zu haben,

das scheinen manche Menschen

die Entdeckung eines bequemen Sophas zu nennen,

auf welchem sie glauben,

sich mit ihren Unarten so recht ausflegeln zu können.

(Karl Ferdinand Gutzkow)

Quelle:
- Karl Gutzkow (1868): Vom Baum der Erkenntniß: Denksprüche, S. 172. J. G. Cotta'sche: Stuttgart.

CHRISTIAN FRIEDRICH HEBBEL

Unparteiisch ist ein Freund wohl nie noch gewesen, aber ungerecht wird er nicht selten aus Furcht.

(Christian Friedrich Hebbel)

~

Quelle:
- Friedrich Hebbel (1857): Gedichte, S. 439. J. G. Cotta'sche: Stuttgart.

CLAUDE-ADRIEN HELVÉTIUS

Was ist denn ein Freund? Ein Wahlverwandter.

(Claude-Adrien Helvétius)

~

Quelle:
- Helmut Kuzmics, Sabine A. Haring (2013): Emotion, Habitus und Erster Weltkrieg, S. 287. V&R Unipress: Göttingen.

PAUL HEYSE

Es gehört nicht nur guter Wille zur Freundschaft,
auch Talent, Seelenkunde
und Erlebnisse ähnlicher Art.

(Paul Heyse)

Quelle:
- Fritz Krüger (1970): Theodor Storm – Paul Heyse – Briefwechsel, S. 54. Erich Schmidt: Berlin.

"Freund in der Not" will nicht viel heißen.
Hilfreich möchte sich mancher erweisen.
Aber die neidlos ein Glück dir gönnen,
die darfst du wahrlich Freunde nennen.

(Paul Heyse)

Quelle:
- Paul Heyse (2014): Gedichte, S. 380f. Holzinger: Berlin.

Mancher große Mann hätte nie an sich geglaubt, wenn ihn nicht gute Freunde entdeckt hätten.

(Paul Heyse)

~

Quelle:
- Paul Heyse (1984): Gesammelte Werke, Band 1, Kinder der Welt, S. 165. Georg Olms: Hildesheim.

CARL HILTY

Die Freundschaft ist das stärkste und dauerndste, das edelste Gefühl, dessen das Menschenherz fähig ist.

(Carl Hilty)

Quelle:
- Operone: Carl Hilty. Abgerufen am 05.07.2014 von http://www.operone.de/spruch/hilty.php

Ein Quäntchen wirkliche Freundschaft ist viel mehr als eine ganze Wagenladung Verehrung.

(Carl Hilty)

~

Quelle:
- Operone: Carl Hilty. Abgerufen am 05.07.2014 von http://www.operone.de/spruch/hilty.php

Gott gibt die rechten Freunde zur rechten Zeit, wir dürfen sie nicht selbst suchen.

(Carl Hilty)

~

Quelle:
- Operone: Carl Hilty. Abgerufen am 05.07.2014 von http://www.operone.de/spruch/hilty.php

THEODOR GOTTLIEB VON HIPPEL

Freundschaft ist eine wechselseitige Verbindung,

nach welcher einer den andern nicht verachtet,

ob er gleich dessen Schwäche

mit Händen greifen kann.

(Theodor Gottlieb von Hippel)

~

Quelle:
- Theodor Gottlieb von Hippel (1795): Kreuz- und Querzüge des Ritters A. bis Z., S. 304f. Biel.

JOHANN CHRISTIAN FRIEDRICH HÖLDERLIN

Eigenes Nachdenken oder ein Buch
oder woran man sich sonst orientieren mag,
ist wohl gut, aber das Wort eines echten Freundes,
der den Menschen und die Lage kennt,
trifft wohltätiger und irrt weniger.

(Johann Christian Friedrich Hölderlin)

Quelle:
- Friedrich Hölderlin (1921): Gesammelte Werke, Band 4, S. 289. G. Kiepenheuer: Potsdam.

Es ist schön, dass es dem Menschen so schwer wird,
sich vom Tode dessen, was er liebt, zu überzeugen,
und es ist wohl keiner noch
zu seines Freunde Grabe gegangen
ohne die leise Hoffnung,
da dem Freunde wirklich zu begegnen.

(Johann Christian Friedrich Hölderlin)

~

Quelle:
- Friedrich Hölderlin (2011): Hyperion, S. 97. Tredition: Hamburg.

HORAZ

Freund – die Hälfte meiner Seele.

(Horaz)

Quelle:
- Johann Christian Günther (2013): Dichtungen der Schuljahre 1710–1715, Band 1, S. 226. Walter de Gruyter: Berlin.

ELBERT G. HUBBARD

Der Freund ist einer, der alles von dir weiß, und der dich trotzdem liebt.

(Elbert G. Hubbard)

Quelle:
- Gerhard Fischer (2012): Christine... Danke dafür, dass es dich gibt: Hommage an eine großartige Frau, S. 5. BoD: Norderstedt.

HENRIK IBSEN

Für einen treuen Freund
kann keiner je zu viel tun.

(Henrik Ibsen)

Quelle:
- Henrik Ibsen (1889): Gesammelte Werke, Band 3, S. 17. Reclam: Leipzig.

GOTTFRIED KELLER

Diene deinen Freunden,

ohne zu rechnen.

(Gottfried Keller)

~

Quelle:
- Gottfried Keller (1855): Der grüne Heinrich, Band 4, S. 137. Friedrich Vieweg und Sohn: Braunschweig.

MAX KLINGER

Ach! weh tut es, den zu hassen, den man geliebt,
mit dem man die Blüte der Jahre
in Eintracht verlebt hat!

(Max Klinger)

~

Quelle:
- Julie Burow Pfannenschmidt (1857.): Denk-Sprüche für das weibliche Leben, S. 80. Ernst Schotte & Comp.: Berlin.

Friedrich Gottlieb Klopstock

Aber mit wem soll ich reden? Mit Freunden?

Mit diesen rede ich freilich am liebsten.

Ich dürfte ihnen nur ein halbes Wort sagen,

so verstünden sie mich.

(Friedrich Gottlieb Klopstock)

~

Quelle:
- Friedrich Gottlieb Klopstock (2013): Aufsätze und Abhandlungen, S. 35. Edition Holzinger: Berlin.

CARL LUDWIG VON KNEBEL

Liebe den Freund,
doch suche dir den, der gütig und ernst ist;
Wen dein Fehler nicht kränkt,
nimmer hat er dich geliebt.

(Carl Ludwig von Knebel)

~

Quelle:
- Ignaz Karády (1865): Neuester ungarisch-deutscher Briefsteller, S. 310. Gustav Heckenast: Pest.

ADOLPH FREIHERR VON KNIGGE

Auch unter den vertrautesten Freunden
können Irrungen entstehen,
Missverständnisse eintreten.

(Adolph Freiherr von Knigge)

~

Quelle:
- Adolph Freiherr von Knigge (1818): Ueber den Umgang mit Menschen, Band 2, S. 143, Gebrüder Hahn: Hannover.

Aus dem Umgange mit Freunden
muss alle Verstellung verbannt sein.
Da soll alle falsche Scham, da soll aller Zwang,
den Konvenienz, übertriebne Gefälligkeit und
Misstrauen im gemeinen Leben auflegen, wegfallen.
Zutrauen und Aufrichtigkeit
müssen unter innigen Freunden herrschen.

(Adolph Freiherr von Knigge)

~

Quelle:
- Adolph Freiherr von Knigge (1818): Ueber den Umgang mit Menschen, Band 2, S. 131, Gebrüder Hahn: Hannover.

Es gibt aber Menschen,
die gar keinen vertrauten Freund,
sondern nur Bekannte haben; entweder,
weil ihnen der Sinn für dies Seelen-Bedürfnis fehlt,
oder weil sie keinem lebendigen Wesen trauen,
oder weil ihre Gemütsart kalt, unverträglich,
verschlossen, eitel, oder zänkisch ist.
Andre sind aller Welt Freunde;
sie werfen ihr Herz jedermann vor die Füße,
und deswegen bückt sich keiner,
greift niemand darnach, es aufzunehmen.

(Adolph Freiherr von Knigge)

~

Quelle:
- Adolph Freiherr von Knigge (1818): Ueber den Umgang mit Menschen, Band 2, S. 143, Gebrüder Hahn: Hannover.

Freunde, die uns in der Not nicht verlassen,

sind äußerst selten.

Sei du einer dieser seltenen Freunde.

(Adolph Freiherr von Knigge)

Quelle:
- Adolph von Knigge (1790): Ueber den Umgang mit Menschen: In drey Theilen, Band 2, S. 130. Christian Ritscher: Hannover.

Klagt dir ein bewährter Freund seine Not,
seine Schmerzen, wie könntest du ihn
ohne innige Teilnahme anhören!
Oder wie dürftest du seinen Klagen
moralische Gemeinsprüche entgegensetzen,
ihm wehe tun durch Vorwürfe über sein Betragen,
durch die Bemerkung, dass er seine Not hätte
verhüten können! Nein, bist du ein treuer,
gefühlvoller Freund, so wirst du alles aufbieten,
deinem Freunde Linderung oder Beistand
zu gewähren.

(Adolph Freiherr von Knigge)

~

Quelle:
- Adolph Freiherr von Knigge (1818): Ueber den Umgang mit Menschen, Band 2, S. 130, Gebrüder Hahn: Hannover.

AUGUST VON KOTZEBUE

Freundschaft ist die Blüte eines Augenblicks und die Frucht der Zeit.

(August von Kotzebue)

Quelle:
- August von Kotzebue (1790): Die Indianer in England: ein Lustspiel in drei Aufzuegen, S. 108. Herausgebende Gesellschaft: Mainz.

Karl Kraus

Willst du ein klares Urteil
über deine Freunde gewinnen,
so frage deine Träume.

(Karl Kraus)

Quelle:
- Karl Kraus (2007): Ich bin der Vogel, den sein Nest beschmutzt: Aphorismen, Sprüche und Widersprüche, S. 177. Marix: Wiesbaden.

JEAN DE LA BRUYÈRE

Man kommt in der Freundschaft nicht weit,
wenn man nicht bereit ist,
einander kleine Fehler zu verzeihen.

(Jean de La Bruyère)

Quelle:
- Josef Rattner, Gerhard Danzer (2006): Europäische Moralistik in Frankreich von 1600 bis 1950, S. 90. Königshausen & Neumann: Würzburg.

François VI. Duc de La Rochefoucauld

Es ist eine größere Schande,
seinen Freunden zu misstrauen,
als von ihnen betrogen zu werden.

(François VI. Duc de La Rochefoucauld)

~

Quelle:
- Egon Friedell (2011): Kulturgeschichte der Neuzeit - 2. Buch, S. 116. Tredition: Hamburg.

Geleimte Freundschaften
müssen vorsichtiger behandelt werden
als nie zerbrochene.

(François VI. Duc de La Rochefoucauld)

Quelle:
- Roland Leonhardt (2011): Lebensweisheiten berühmter Dichter und Denker: Über 2000 Zitate von Aristoteles bis Zuckmayer, S. 159. Humboldt: Hannover.

JOHANN KASPAR LAVATER

Die reine Freundschaft reiner Herzen
geht Hand in Hand in Freud' und Schmerzen,
kein Glück, kein Missgeschick trennet sie.

(Johann Kaspar Lavater)

Quelle:
- Johann Caspar Lavater (1801): Johann Kaspar Lavaters nachgelassene Schriften. Band 3, S. 137. Drell, Füßli und Compaguie: Zürich.

Freundschaft will wie das Feuer genährt sein,

oder sie stirbt.

(Johann Kaspar Lavater)

~

Quelle:
- Karl Sudhoff (1859): In der Stille: poetischer Theil, S. 580. Heyder & Zimmer: Frankfurt / M.

Wer mit Liebe dich warnt,

mit Achtung dich tadelt,

sei Freund dir!

(Johann Kaspar Lavater)

~

Quelle:
- o. A. (1867): Gedenkbuch fürs Haus, 11. April. I. Guttentag: Berlin.

GEORG CHRISTOPH LICHTENBERG

Wie wenige Freunde würden Freunde bleiben,
wenn einer die Gesinnungen des andern
im Ganzen sehen könnte.

(Georg Christoph Lichtenberg)

Quelle:
- Georg Christoph Lichtenberg (1817): Vermischte Schriften, S. 123. Chr. Kaulfuß und C. Armbruster: Wien.

MECHTHILD VON MAGDEBURG

Meine irdischen Freunde

liebe ich wie Gefährten der Ewigkeit.

(Mechthild von Magdeburg)

Quelle:
- Mechthild von Magdeburg (1995): Das Fliessende Licht der Gottheit, S. 136. Frommann-Holzboog: Stuttgart.

FRANZ MARC

[Wir sind] nicht zu Richtern über
unsere Mitmenschen bestellt,
sondern zu Freunden.

(Franz Marc)

Quelle:
- Franz Marc (1956): Briefe, 1914-1916, aus dem Felde, S. 136. Rembrandt: Berlin.

PIETRO METASTASIO

Menschen, die im Unglück sind,
haben eines vor den andern voraus:
Sie lernen unterscheiden,
welche Freunde ihnen wirklich gut gesinnt sind.

(Pietro Metastasio)

~

Quelle:
- Iris Seidenstricker (2010): Was wirklich zählt: Die tiefen Wahrheiten, S. 24. Dtv: München.

MICHEL DE MONTAIGNE

Die Freundschaft

lebt vom ungehinderten Gedankenaustausch.

(Michel de Montaigne)

Quelle:
- o. A. (2004): Harenberg Lexikon der Sprichwörter und Zitate: Mit 50 000 Einträgen das umfassendste Werk in deutscher Sprache, S. 363. F. A. Brockhaus: Mannheim.

Freundschaften, die wir selbst geknüpft haben,
sind gewöhnlich wertvoller als die,
welche aus nachbarlichen
oder verwandtschaftlichen Beziehungen hervorgehen.

(Michel de Montaigne)

Quelle:
- Michel de Montaigne (1953): Essays, S. 259. Dieterich'sche: Leipzig. Abgerufen am 05.07.2014 von http://de.scribd.com/doc/216810793/Michel-de-Montaigne-Essais-pdf

In der wahren Freundschaft
schenke ich mich meinem Freunde mehr,
als dass ich ihn an mich ziehe.

(Michel de Montaigne)

Quelle:
- Peter P. Riesterer (1963): Pariser Impressionen, S. 50. Flamberg: Zürich.

CHRISTIAN MORGENSTERN

Es gibt Menschen, deren einmalige Berührung mit uns für immer den Stachel in uns zurücklässt, ihrer Achtung und Freundschaft wert zu bleiben.

(Christian Morgenstern)

~

Quelle:
- Christian Morgenstern (1960): Aphorismen und Sprüche, S. 132. Piper: München.

CORNELIUS NEPOS

Ich bin auch nicht
durch die Tapferkeit meiner Feinde,
sondern durch die Treulosigkeit meiner Freunde
gefallen.

(Cornelius Nepos)

~

Quelle:
- Cornelius Nepos (1830): Des Kornelius Nepos Lebensbeschreibungen ausgezeichneter Feldherrn, S. 138. Kösel'sche: Kempten.

FRIEDRICH WILHELM NIETZSCHE

Der Freund sei euch das Fest der Erde.

(Friedrich Wilhelm Nietzsche)

Quelle:
- Friedrich Nietzsche (1895): Nietzsche's Werke, Band 6, Also sprach Zarathustra, S. 89. C. G. Naumann: Leipzig.

Man darf über seine Freunde nicht reden,
sonst verredet man sich das Gefühl der Freundschaft.

(Friedrich Wilhelm Nietzsche)

Quelle:
- Friedrich Nietzsche (1967): Nietzsche Werke: Kritische Gesamtausgabe, Band 4.3, S. 125. Walter de Gruyter & Co.: Berlin.

Und tut dir ein Freund Übles, so sprich:
Ich vergebe dir, was du mir tatest;
dass du es aber dir tatest –
wie könnte ich das vergeben!

(Friedrich Wilhelm Nietzsche)

~

Quelle:
- Anton Seljak (2011): Friedrich Nietzsche: Wegbereiter der philosophischen Moderne. Eine Annäherung, S. 133. BoD: Norderstedt.

Will man einen Freund haben,
so muss man auch für ihn Krieg führen wollen!
Und um Krieg zu führen,
muss man Feind sein können.

(Friedrich Wilhelm Nietzsche)

~

Quelle:
- Friedrich Nietzsche (1895): Nietzsche's Werke, Band 6, Also sprach Zarathustra, S. 81. C. G. Naumann: Leipzig.

NOVALIS

Toleranz und Freundschaft ist oft alles,
und bei weitem das Wichtigste,
was wir einander geben können.

(Novalis)

Quelle:
- Novalis (1954): Werke, Briefe, Dokumente, Band 4, S. 126. L. Schneider: Heidelberg.

Zart ist der Faden der Freundschaft,

doch unzertrennlich wie jene Kette,

die Himmel und Meer und die Gestirne umschlingt.

Aber auch dehnbar wie Gold,

er windet in lieblichen Knoten

selbst um die Freunde sich leicht,

welche das Schicksal getrennt.

(Novalis)

~

Quelle:
- Novalis (1960): Schriften, Band 1, S. 540. Kohlhammer: Stuttgart.

JEAN PAUL

Daran erkenn' ich eben den Freund,
dass er mich oder sich nicht unterhalten,
sondern bloß dasitzen will.

(Jean Paul)

~

Quelle:
- Jean Paul (1827): Jean Paul's sämmtliche Werke, Band 24, S. 3. G. Reimer: Berlin.

Jeder Freund ist des anderen Sonne
und Sonnenblume zugleich,
er zieht und er folgt.

(Jean Paul)

Quelle:
- Hermann Alexander von Berlepsch (1848): Concordanz der poetischen National-Literatur der Deutschen, S. 205. Hennings und Hopf: Erfurt.

Wenn man nah vor der Flamme der Freude steht,
so flieht man zwar Menschen – weil sie leicht
zwischen uns und die schöne Wärme treten,
– aber man sucht sie auch;
ein herzlicher Freund ist unser Wunsch und Glück,
welcher den frohen Traum,
worin wir schlafen und sprechen,
leise weiter leitet, ohne ihn fortzujagen.

(Jean Paul)

~

Quelle:
- Jean Paul Friedrich Richter (1834): Geist-und kraftvollste Stellen aus dessen sämmtlichen Werken, Band 5, S. 99. Franz Ferstl'schen: Grätz.

Zürnt dein Freund mit dir,

so verschaff' ihm Gelegenheit,

dir einen großen Gefallen zu erweisen.

Darüber muss sein Herz zerfließen,

und er wird dich wieder lieben.

(Jean Paul)

~

Quelle:
- Jean Paul (1836): Jean Paul's sämmtliche Werke, Band 1, Grönlandische Prozesse, S. 457. Tétot Frères: Paris.

PERIKLES

Nicht durch Nehmen, sondern durch Geben stiften wir unsere Freundschaften.

(Perikles)

Quelle:
- Marco Maier (2013): 1000 Zitate der antiken Welt, S. 67. CreateSpace Independent Publishing Platform.

JOHANN HEINRICH PESTALOZZI

Von tausend Blüten des Frühlings
reift kaum eine zur herbstlichen Frucht,
und von tausend Umarmungen der Liebe
reift kaum eine
zur innigen beruhigenden Freundschaft.

(Johann Heinrich Pestalozzi)

Quelle:
- L. W. Seyffarth (1870): Pestalozzi's sämmtliche werke, Band 7, S. 302. Adolph Müller: Bandenburg a. H.

PETRON

In der Bedrängnis
zeigen sich wahre Freunde.

(Petron)

Quelle:
- Muriel Kasper (1996): Reclams Lateinisches Zitaten-Lexikon, S. 141. Reclam: Stuttgart.

GOTTLIEB CONRAD PFEFFEL

List gegen List fällt oft den schlauesten Feind;
Doch mehr als sie nützt uns ein treuer Freund.

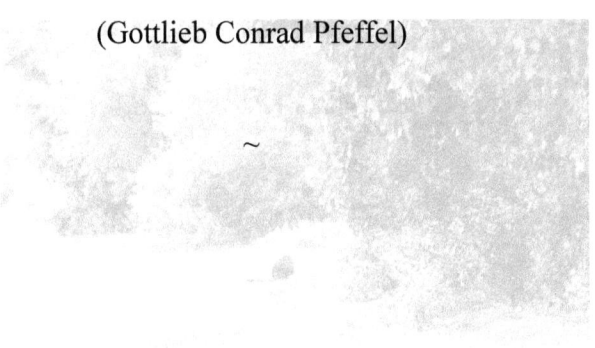

(Gottlieb Conrad Pfeffel)

Quelle:
- Gottlieb Conrad Pfeffel (1840): Fabeln und poetische Erzählungen, Band 2, S. 246. Cotta'sche: Stuttgart.

Wer jedes Freund sein will,

ist niemands Freund.

(Gottlieb Conrad Pfeffel)

Quelle:
- Gottlieb Konrad (1803): Pfeffel Poetische Versuche, Band 6, Das Chamäleon und die Vögel, S. 195. J. G. Cotta'sche: Tübingen.

PHOKION

Du kannst mich nicht zugleich
zum Schmeichler und zum Freunde haben.

(Phokion)

Quelle:
- Plutarchos (1797): Moralisch-philosophische Werke, 4. Teil, S. 228. Franz Haas: Wien.

PLATON

Wertvoller als alle Güter
ist ein zuverlässiger und tugendhafter Freund.

(Platon)

Quelle:
- Peter Kensok, Katja Dyckhoff (2004): Der Werte-Manager: effektives Wertemanagement in Coaching & Beratung, S. 82. Junfermannsche: Paderborn.

TITUS MACCIUS PLAUTUS

Nichts ist erfreulicher

als ein Freund zur rechten Zeit.

(Titus Maccius Plautus)

Quelle:
- Friedrich Wilhelm Ehrenfried Rost (1836): Neun Lustspiele des M. Accius Plautus, S. 23. Karl Franz Köhler: Leipzig.

Plutarch

Es ist schlimm, erst dann zu merken,
dass man keine Freunde habe,
wenn man wirklich Freunde nötig hat.

(Plutarch)

Quelle:
- Plutarch (1796): Plutarchs moralisch-philosophische Werke, S. 140. Franz Haas: Wien.

Welches ist nun das Geld,

wofür Freunde erkauft werden?

Wohlwollen und Gefälligkeit,

verbunden mit Tugend,

welches eben in der Natur das Seltenste ist.

(Plutarch)

~

Quelle:
- Plutarch (1796): Plutarchs moralisch-philosophische Werke, S. 259. Franz Haas: Wien.

SULLY PRUDHOMME

Wenn man einen Menschen in Freundschaft liebt, wünscht man ihn glücklich zu sehen.

(Sully Prudhomme)

Quelle:
- Anton Lichtenauer (2013): Kleines Lob der Freundschaft, S. 33. Herder: Freiburg.

Zwei Freunde müssen sich im Herzen ähneln, in allem anderen können sie grundverschieden sein.

(Sully Prudhomme)

Quelle:
- Melissa Leone (2010): My Secret: Endecke dein Geheimnis, S. 104. Mvg: München.

AILRED VON RIEVAULX

Welches Glück, welche Geborgenheit,

welche Seligkeit, wenn jemand dir zuhört,

zu dem zu sprechen du wagen darfst,

als sprächest du zu dir selbst.

(Ailred von Rievaulx)

~

Quelle:
- Silke Winst (2009): Amicus und Amelius, S. 111. Walter de Gruyter: Berlin.

JEAN-JACQUES ROUSSEAU

Wieviel Unrecht

kann die Umarmung eines Freundes

wieder gut machen!

(Jean-Jacques Rousseau)

~

Quelle:
- Jean-Jacques Rousseau (1870): Bekenntnisse, Band 2, S. 232. Bibliographisches Institut: Hildburghausen.

FRIEDRICH RÜCKERT

O brich den Faden

nicht der Freundschaft rasch entzwei!

Wird er auch neu geknüpft, ein Knoten bleibt dabei.

(Friedrich Rückert)

Quelle:
- Johann Michael Friedrich Rückert (1839): Die Weisheit des Brahmanen: ein Lehrgedicht in Bruchstücken, Band 6, S. 55. Weidmann'sche: Leipzig.

Wenn Freund zu Freunde kommt,

stirbt des Verleumders Macht.

(Friedrich Rückert)

Quelle:
- J. S. Ebersberg (1847): Wiener Zuschauer: Zeitschrift für Gebildete, Band 3, S. 828. Ueberreuter: Wien.

JOHANN MICHAEL SAILER

Die wahre Freundschaft hat nur zwei Gesetze:
Erstens, dass einer des anderen Freund sei;
zweitens, dass er's von ganzem Herzen sei.
Diese Gesetze sind nicht erdichtet,
sie sind in dem Wesen der Freundschaft gegründet.

(Johann Michael Sailer)

~

Quelle:
- Johann Michael Sailer (1830): Glückseligkeitslehre aus Gründen der Vernunft, Band 1, S. 226. J. E. v. Seidel'sche: Sulzbach.

MELLIN DE SAINT-GELAIS

Eine Freundschaft, die beendet werden kann,

hat eigentlich nie so recht begonnen.

(Mellin de Saint-Gelais)

~

Quelle:
- Michael Wieland (2012): Positionen, S. 119. BoD: Norderstedt.

FRIEDRICH SCHILLER

Die edle und reine Freundschaft kann sich auch
abwesend recht viel sein, und zu fühlen,
dass auch entfernt an einen gedacht wird,
erweitert und verdoppelt das eigene Dasein.

(Friedrich Schiller)

~

Quelle:
- Friedrich Schiller (1856): Schiller und Lotte, S. 115. Cotta'sche: Stuttgart.

Wie werter wird mir alle Tage
Deine und meine Freundschaft,
und wie wohltätig ist sie mir schon gewesen!
Ich würde keine dieser Art mehr knüpfen können.

(Friedrich Schiller)

Quelle:
- Friedrich Schiller (1906): Schillers Welt- und Lebensanschauung, S. 94. Moritz Diesterweg: Frankfurt / M.

FRIEDRICH SCHLEIERMACHER

Wie kann man die Stelle eines Freundes ersetzen; wer glücklich genug ist, deren mehrere zu haben, dem ist jeder einzelne etwas anderes; eine Doublette in der Freundschaft hat gewiss niemand.

(Friedrich Schleiermacher)

~

Quelle:
- Friedrich Schleiermacher (1863): Lichtstrahlen, S. 183. F. A. Brockhaus: Leipzig.

ARTHUR SCHNITZLER

Es [ist] die erste Freundespflicht, dem Freund seine Illusionen zu lassen.

(Arthur Schnitzler)

Quelle:
- Arthur Schnitzler (2013): Meine Dramen (Erweiterte Ausgabe). Jazzbee: Altenmünster. [eBook]

JOHANN ADAM VON SEUFFERT

Ein besser Spiegelglas ist aufzufinden nicht,
Als eines alten Freunds treuherzig Angesicht.

(Johann Adam von Seuffert)

Quelle:
- Wilhelm Koner (1863): Buch der Sinnsprüche, S. 59. G. Mayer's: Altona.

WILLIAM SHAKESPEARE

Es sollt' ein Freund
des Freundes Schwächen tragen.

(William Shakespeare)

~

Quelle:
- William Shakespeare (1797): Shakspeare's dramatische Werke, 2.Teil, Julius Cäsar, S. 113. Johann Friedrich Unger: Berlin.

O schlimme Zeit! o schmerzliches Verwunden!
Dass ich den Freund als schlimmsten Feind gefunden!

(William Shakespeare)

Quelle:
- William Shakespeare (1864): Shakspeare's dramatische Werke, Band 8, Die beiden Veroneser, S. 98. Georg Reimer: Berlin.

Verwandte Seelen

knüpft der Augenblick des ersten Seh'ns

mit diamantnen Banden.

(William Shakespeare)

Quelle:
- C. G. Richter (1862): Antworten auf des Lebens ernste Fragen, S. 249. Hermann Burdach: Dresden.

Wer ihn nicht braucht,

dem wird ein Freund nicht fehlen,

Und wer in Not versucht den falschen Freund,

Verwandelt ihn sogleich in einen Feind.

(William Shakespeare)

~

Quelle:
- William Shakespeare (2014): Hamlet, S. 70. BoD: Norderstedt.

Wozu wären uns Freunde nötig,

wenn wir sie in der Tat nie nötig hätten?

(William Shakespeare)

Quelle:
- William Shakespeare (1882). Shakespeares dramatische Werke: Timon von Athen, S. 30. Cotta'sche: Stuttgart.

KARL W. F. SOLGER

Es gibt keinen festen Grund und Boden
in der Wirklichkeit
als diesen innigen Umgang mit Freunden.

(Karl W. F. Solger)

Quelle:
- Ludwig Tieck, Friedrich von Raumer (1826): Solger's nachgelassene Schriften und Briefwechsel, Band 1, S. 143. F. A. Brockhaus: Leipzig.

SOPHOKLES

Wer den edlen Freund verstößt, der mein' ich,

stößt von sich das eigne Leben.

(Sophokles)

Quelle:
- J. J. C. Donner (1868): Sophokles: Deutsch in den Versmaßen der Urschrift, S. 32. Winter'sche: Leipzig.

August Ernst Freiherr von Steigentsch

Zwei Freunde sind nur eins:
Du willst, das will ich auch;
Wer einem Freunde gibt, gibt doppelt, ihm und sich.

(August Ernst Freiherr von Steigentsch)

Quelle:
- August Ernst Freiherr von Steigentesch (1861): Lustspiele, Teil 2, S. 4. G. J. Göschen'sche: Leipzig.

ADALBERT STIFTER

Alte Freunde sind wie alter Wein,
er wird immer besser, und je älter man wird,
desto mehr lernt man
dieses unendliche Gut zu schätzen.

(Adalbert Stifter)

~

Quelle:
- Johannes Aprent (1869): Adalbert Stifter: Briefe von Adalbert Stifter, Band 3, S. 335. Gustav Heckenast: Pest.

Das Beste,

was ein Mensch für einen andern tun kann,

ist doch immer das, was er für ihn ist.

(Adalbert Stifter)

Quelle:
- Hermann Kunisch (1991): Goethe-Studien, S. 73. Duncker & Humboldt: Berlin.

Wenn die Jahre wachsen,
erkennt man den Wert der Freundschaft immer tiefer.

(Adalbert Stifter)

Quelle:
- Karl Privat (1946): Adalbert Stifter: Sein Leben in Selbstzeugnissen, Briefen und Berichten, S. 380. Druckhaus Tempelhof: Berlin.

Andreas Sutor

Hüte dich vor einem wiederversöhnten Freund;
er ist wie ein zerbrochener Spiegel,
der nimmermehr so ergänzt wird,
wie er vorher gewesen.

(Andreas Sutor)

~

Quelle:
- K. Hertz (1886): Worte der weisen aus allen Völkern und Zeiten, S. 98. Gebrüder Kröner: Stuttgart.

THEOKRIT

Alles ist lieb, was von Freunden kommt.

(Theokrit)

Quelle:
- Theokrit (2014): Idyllen, S. 82. Holzinger: Berlin.

CHRISTOPH AUGUST TIEDGE

Das Heil der Freundschaft ist die heiligste der Gaben;
Nichts Heiligers konn't uns ein Gott verleihn;
Und einen Freund kann jeder haben,
Der würdig ist, ein Freund zu sein.

(Christoph August Tiedge)

~

Quelle:
- A. G. Eberhard (1827): C. A. Tiedge's Werke, Band 2, S. 155. Rengersche: Halle.

LUDWIG TIECK

Man lebt, wenn man das Glück hat,
mehrere Freunde zu besitzen,
mit jedem Freunde ein eigenes, abgesondertes Leben.

(Ludwig Tieck)

~

Quelle:
- Ludwig Tieck (1818): Ludwig Tieck's sämmtliche Werke, Band 10, S. 25. Leopold Grund: Wien.

ANTON PAWLOWITSCH TSCHECHOW

Es gibt nichts Schlimmeres als freundschaftliche Bevormundung.

(Anton Pawlowitsch Tschechow)

Quelle:
- Anton Pawlowitsch Tschechow (1954): Tschechow - Ein Lesebuch für unsere Zeit, S. 249. Thüringer Volksverlag: Weimar.

KURT TUCHOLSKY

Freundschaft,

das ist wie Heimat.

(Kurt Tucholsky)

~

Quelle:
- Kurt Tucholsky (2006): Schloß Gripsholm -: Eine Sommergeschichte, S. 103. Manesse: Zürich.

VOLTAIRE

Alle Würden dieser Erde
wiegen einen guten Freund nicht auf.

(Voltaire)

~

Quelle:
- Voltaire (1828): Voltaire's sämtliche Romane und Erzählungen, Band 2, S. 284. Gottfried Basse: Quedlinburg.

OSCAR WILDE

Lachen ist wohl lange nicht
der schlechteste Anfang für eine Freundschaft
und gewiss ihr schönstes Ende.

(Oscar Wilde)

~

Quelle:
- Oscar Wilde (2011): Das Bildnis des Dorian Gray, S. 18. Tredition: Hamburg.

ZENON

Ein Freund: mein anderes Ich.

(Zenon)

Quelle:
- Diogenes Laertius (1806): Philosophische GeschichteS. 265. Schwickertsche: Leipzig.

Ich hoffe, dass es uns gegönnt ist,
noch lange Zeit die Gemeinsamkeit zu genießen.
Doch sie wird uns begleiten,
auch über das hiesige Leben hinaus.
Danke, dass es dich für mich gibt.